UN CASSE-COU

OU

LE BUDGET

DE LA COCHINCHINE EN 1882

PAR

X. GAULTIER DE CLAUBRY

PARIS

JULES LE CLERE, IMPRIMEUR

7, RUE CASSETTE, 7

1882

DOCUMENTS A CONSULTER

Budget local de la Cochinchine, pour les exercices
1880, 1881, 1882.

Rapports au Conseil colonial, 1880.

Rapports au Conseil colonial, 1881.

Procès-verbaux des séances du Conseil colonial, session
ordinaire de 1880.

Procès-verbaux des séances du Conseil colonial, session
ordinaire 1881.

      Id.   **Session extraordinaire** de février 1881.

Journal officiel de la Cochinchine française.

L'Indépendant de Saïgon.

Le Journal de Saïgon.

L'Ere nouvelle (de Saïgon).

Rapport de M. l'ingénieur en chef COMBIER au ministre de la
Marine, sur les grands travaux projetés en Cochinchine.

État actuel de la Cochinchine, 1879, 1880.

Mémoire à M. le gouverneur de Cochinchine, par les
fermiers de l'opium au Cambodge. Imp. GUILLAND, à Saïgon.

Tous ces documents doivent se trouver au ministère de la Marine
et des Colonies.

Acte de société des Messageries fluviales de Cochinchine
(au greffe du tribunal de Commerce).

969-82 — Paris. Imp. de l'ÉTOILE, BOUDET, directeur, rue Cassette, 1.

CASSE-COU

UN
CASSE-COU

OU
LE BUDGET

DE LA COCHINCHINE EN 1882

PAR

X. GAULTIER DE CLAUBRY

PARIS

JULES LE CLERE, IMPRIMEUR

7, RUE CASSETTE, 7

1882

AVANT-PROPOS

___

L'OPPORTUNISME

EN COCHINCHINE

Le budget de la Cochinchine n'est qu'un épisode, ou même un simple accessoire de celui de la marine ; et, dans des circonstances ordinaires, on se ferait un scrupule de détourner sur un si mince sujet l'attention du monde politique, absorbée par l'étude de tant de problèmes redoutables.

En effet, à côté des milliards d'impositions dont on voudrait en vain soulager le peuple français, que pèse une vingtaine de millions levés en pays annamite à trois mille lieues au delà des mers? Quand on en est à se demander comment la France, avec ces sommes énormes, pourra faire face aux exigences du présent, en fermant les yeux sur les éventualités de l'avenir, quelle importance peut-on attacher aux embarras financiers de cette petite colonie de quelques milliers d'hectares de marécages ?

Il se commet des imprudences, des erreurs?... Et quand

il y aurait même des désordres et des abus, qu'est-ce que cela pour des hommes qui ont nuit et jour devant les yeux le spectre de la question sociale ? Il est d'ailleurs difficile d'y aller voir : le budget local a été préparé par le pouvoir local, voté par le Conseil colonial ; et le soin que l'on a pris de le rédiger en *piastres* le rend indéchiffrable et en fait un véritable grimoire.

Ferai-je observer que la colonie coûte annuellement à la métropole une dizaine de millions, et qu'il serait intéressant pour les contribuables de savoir quels fruits ils peuvent bien attendre de ces sacrifices répétés ? — Nous sommes habitués à ce que nos colonies soient un luxe dispendieux.

Si j'ajoute que celle-ci avait commencé à s'acquitter envers la métropole par une contribution annuelle de deux millions et demi, et qu'elle s'est mise hors d'état de continuer, de quoi sera-t-on le plus surpris? De la faillite d'aujourd'hui, qui fait rentrer la Cochinchine dans la règle générale? ou de la singulière exception des paiements d'autrefois ?

Je dois l'avouer, si tout se bornait là, j'aurais gardé le silence.

Mais si l'on venait à découvrir que la détresse présente n'est pas un accident passager, mais le symptôme d'une ruine déjà fort avancée, — que cette petite annexe du territoire français, perdue aux extrémités de l'Orient, menace d'entraîner la métropole elle-même dans de véritables désastres, — que, sur une poignée de millions, on prend le chemin d'engager des milliards, — qu'une possession française payée du sang de nos soldats est en train de de-

venir la propriété d'une maison de banque, — qu'enfin
ce delta fangeux, facile à oublier, difficile à surveiller, a
été choisi comme le point de ralliement et de ravitaille-
ment de cette politique d'intrigue qui n'a pas renoncé à
acheter la République, — et qu'il pourrait bien un jour
devenir, pour des intérêts privés, le champ de bataille où
se joueraient encore une fois les destinées de la patrie ; —
si tel était le résultat d'un simple examen des pièces offi-
cielles, quel est l'homme politique, le citoyen français que
cette question laisserait indifférent ?

Pour moi, témoin involontaire, deux années durant, des
progrès de cette politique néfaste, après avoir fait ce qui
dépendait de moi pour n'y point contribuer, je n'ai pas
cru pouvoir me taire sur le danger d'une situation qui
achève de se dessiner. Bien des fois déjà j'avais averti mes
amis. De retour en France, j'ai commencé par faire part
de mes craintes au pouvoir exécutif ; et je m'empresse de
déclarer, je suis heureux de pouvoir affirmer que j'ai trouvé
l'attention du gouvernement déjà singulièrement éveillée.
Je regarde comme un devoir d'achever ma tâche, à mes
risques et périls, en soumettant la question aux repré-
sentants de la nation.

Le temps et l'insuffisance des documents ne me per-
mettent pas d'entreprendre pour le moment un ouvrage
complet : je dois me borner à indiquer et à classer à la
hâte quelques-uns des faits les plus saillants. Tel qu'il est,
j'espère que ce premier travail suffira du moins à mettre
en lumière le caractère et la gravité du mal, l'urgence et
la nature du remède.

I

Situation antérieure

Jusqu'en 1880, sous une administration dont je ne me charge pas de faire l'apologie, la situation budgétaire avait suivi une marche ascendante (1).

Les recettes qui étaient de 3 millions en 1864, oscillant autour de 14 millions entre 1872 et 1878, s'élevaient en 1879 à 16,800,000 fr. en prévision, en réalité 19,650,000 et à 18,800,000 en 1880, soit, dans les deux dernières années, un accroissement de près de 4 millions. Grâce à cette prospérité croissante, la colonie s'était trouvée, depuis plusieurs années, en mesure d'acquitter à la métropole une contribution annuelle de deux millions et demi.

Dès les premières années avait fonctionné la *Caisse de réserve*, instituée en prévision des mauvaises récoltes, le riz étant la source principale des revenus publics. Appauvrie par les années malheureuses de 1876 et 1877, elle

(1) Rapports au conseil colonial, 1880, p. 424; commission du budget (*J. off.* du 21 décembre 1881, p. 862).

était remontée, à la clôture de l'exercice 1878, à 2,131,000f. et allait atteindre à la clôture de l'exercice 1879 (fin juin 1880) la somme de six millions cinq cent quarante mille francs (6,540,000).

M. Le Myre de Vilers, ci-devant officier de marine, puis sous-préfet sous l'empire (1), puis préfet de Limoges au 16 mai, puis directeur des affaires civiles en Algérie, où il eut à s'occuper de l'organisation des chemins de fer, eut la mission d'inaugurer le gouvernement civil en Cochinchine. Nommé dans la première moitié de l'année 1879, il fut maintenu malgré une interpellation de M. Germain Casse (c'était au temps de ce qu'on a appelé le gouvernement occulte) et entra en fonctions au mois de juillet de la même année. Avec lui allait commencer une ère nouvelle. Rien n'existait, il fallait tout créer et tirer la colonie du néant : administration, communications, crédit, etc., allaient sortir de terre (2).

Le nouveau gouverneur débuta à son tour par de brillantes économies. En répartissant entre les divers services, plus ou moins majorés, les deux millions et demi dus à la métropole, en suspendant nombre de dépenses utiles : moyens de transport, chemins, routes et ponts, réparations et constructions de bâtiments administratifs, logements et écoles, complément de personnel (3), en rejetant enfin

(1) Almanach impérial 1868, p. 745 et 1869, p. 737.

(2) Rapports au conseil colonial 1880, introduction, discours d'ouverture des deux sessions ordinaires de 1880 et 1881, etc.,etc.

(4) Procès-verbaux du Conseil colonial 1880, p., 14, 19, 40 ; délabrement et urgence des travaux. Budget local 1881, ch. vi, § 2, école de Binh-hoà, 30,600 fr., etc.

sur l'année suivante de fortes dépenses engagées cette année
même, il obtint sur les prévisions budgétaires et les paiements effectués une différence de 3,821,000 fr. : il paya à la
métropole seulement 2,200,000 fr. ; et comme il y avait
d'ailleurs un excédent de 479,000 fr., il put verser à la
Caisse de réserve 2,100.000 fr. ; ce qui la porta au chiffre im-
posant de 8,640.000 fr. (1). Ce glorieux chiffre n'était
qu'une fiction, on le verra plus loin. Il n'en servit pas
moins à autoriser longtemps à l'avance l'éclosion des grands
projets.

(1) Conseil colonial, commission du budget (*J. off.* du 21 décembre
1881, p. 862).

II

Entreprises et innovations

———

CHEMIN DE FER

Dans la pensée du créateur, ce qui tenait visiblement la première place, c'étaient les travaux publics. Avant le milieu de 1880, il lançait sa lettre à son directeur de l'intérieur par intérim dans laquelle, par un calcul ingénieux, il trouvait le moyen d'exécuter en dix ans, sur les recettes ordinaires, 60 millions de travaux (2).

Pour la vicinalité, travail enlevé, puis rendu aux administrateurs, pour leur être sans doute enlevé de nouveau, on leur demanda à la hâte la construction d'un réseau qui s'exécutera à la longue.

Parmi les routes coloniales, on place en première ligne celles qui exigent de grands ponts :

(2) Voir aussi le rapport de l'ingénieur en chef Combier, p., 1.

Celle de Tan-an à Gocong, qui avait de plus l'avantage d'être déjà faite et voiturable sur sept mètres de large (1) ;

Celle de Tay-ninh ;

Enfin celle de Mytho à Vinh-Long, condition de la grande œuvre, de la plus grande pensée du règne, du premier chemin de fer de la Cochinchine.

On tenait à faire un chemin de fer à tout prix, si ce n'était dans un intérêt commercial immédiat, au moins, disait-on, pour l'effet moral (2). L'effet moral sur les Chinois, c'est une naïveté ; s'il s'agit des Annamites, c'est de la popularité achetée un peu cher : ou bien était-ce l'Europe que l'on voulait éblouir ? Et au profit de qui ?

Le chemin de fer est celle de ses œuvres à laquelle M. le gouverneur semble tenir le plus (3).

On lança un premier projet, de Saïgon par Tay-Winh au Cambodge, au *Tonkin* et au *Yunnan* (4). Je livre cette conception à l'appréciation des géographes ; la Société de géographie de Paris en a entendu parler. Il n'existe non seulement aucune étude préparatoire, mais pas même une exploration concluante. Tout ce que l'on sait, c'est qu'il y a près de 300 lieues en pays pour la plupart ou déserts ou barbares, et en tout cas étrangers. S'il y avait un chemin de fer à faire hors de nos frontières ce serait dans

(1) Conseil colonial, séance du 6 novembre 1880, procès-verbaux, p. 28.

(2) Discours de l'ingénieur en chef. Procès-verbaux du Conseil colonial 1880, p. 111, 2e colonne, en haut.

(3) Discours d'ouverture de la session 1881, séance du 5 décembre.

(4) Rapport de l'ingénieur en chef Thevenet. Rapports au Conseil colonial 1881, p. 341 et 345. Procès-verbaux du Conseil colonial 1880, p. 119. — Observations du conseiller Vinson, *ibid.*, p. 121.

la vallée du Fleuve-Rouge au Tonquin (Prendre l'avis de
M. l'ingénieur en chef Combier).

Le projet par Tay-ninh fut abandonné, mais peut-être
pour une autre raison. Pour peu que l'on voulût transporter
quelques pièces de bois des forêts de l'Est, il fallait un
chemin de fer véritable, et non un simple tramway (1).
Pouvait-on réduire la dépense à des chiffres présentables ?
Quoi qu'il en soit, on avoua que, par cette voie, il n'y avait
pas de trafic (2).

Alors, nouveau projet de Saïgon à la capitale du Cambodge, Pnum-Peuh, par les villes annamites de Mytho et
Vinh-Long, et toujours pour le Tonquin, le Yunnan, et
aussi pour Siam (3). En vain a-t-on démontré qu'il n'y
aurait pas de trafic, et guère de voyageurs ; pas plus depuis
Vinh-Long que depuis Mytho, le riz ne va en chemin de
fer, à peine de 3 p. 100 de perte à chaque transbordement,
sans compter la perte en route (4).

M. l'ingénieur en chef Combier, chargé d'une mission
à ce sujet, avait concédé à titre d'essai, si l'on avait de l'argent de trop, jusqu'à un certain point comme un joujou,
un chemin de fer de Saïgon à Mytho : concession dont il
s'est repenti depuis (5).

(1) Rapport de l'ingénieur en chef. Rapp. au Conseil colonial 1880,
p. 342.
(2) *Ibid.*
(3) Même rapport, pages 253 et 344.
(4) Procès-verbaux du Conseil colonial 1880, p. 113 et suivantes.
(5) Rapport au ministre de la Marine sur les grands travaux
projetés en Cochinchine, p. 11. — Procès-verbaux du Conseil colo-
ial 1880, p. 107, 1re col. en bas, p. 108, 2e col. en haut.

Le vote du chemin de fer jusqu'à Vinh-Long est réclamé par M. Blancsubé au nom du patriotisme (1), — voté par cinq conseillers français et les quatre annamites, contre cinq français, une abstention et un absent : en somme cinq voix françaises sur douze.

Le conseil des travaux au ministère de la Marine, s'inspirant notamment du rapport de M. Combier, n'autorise le chemin de fer que jusqu'à Mytho (2).

La concession de ce chemin de fer était d'avance destinée à un certain M. Rueff (3).

Ce M. Rueff n'était guère connu dans la colonie comme capitaliste : sa principale notoriété venait d'un procès intenté par lui à M. Viénot, rédacteur du *Journal de Saïgon* ; mais il se disait commandité par la maison Kohn-Reinach et Cie (4). Voici d'ailleurs les lettres qui ont été communiquées à ce sujet au conseil colonial :

« Saïgon, 20 novembre 1880.

» *A Monsieur le Président du conseil colonial.*

» Monsieur le Président,

» Conformément au désir que vous m'avez exprimé, j'ai

(1) Discours de M. Blancsubé, séance de nuit du 28 novembre 1880. Procès-verbaux, p. 116 à 120.

(2) Conseil colonial, séance du 27 décembre 1881 (*J. off.* du 14 janvier, p. 64 et suiv.).

(3) Lettre de M. Rueff au gouverneur. Conseil colonial, procès-verbaux 1880, p. 105. Projet de convention recommandé par l'ingénieur en chef (*ibid.*p. 105 en bas, 106 et 107).

(4) *Ibid.*, page 109.

» l'honneur de vous communiquer les deux lettres que j'ai
» reçues de MM. Kohn-Reinach et Cie.

» Je vous ferai remarquer que la première doit contenir
» une erreur de rédaction; je ne me souviens pas avoir vu
» M. Schœller.

» Agréez...

» *Le Gouverneur,*
» LE MYRE DE VILERS. »

« Paris, 20 février 1880.

» *M. Le Myre de Vilers, gouverneur général de la*
» *Cochinchine, Saïgon,*

» MONSIEUR LE GOUVERNEUR,

» Vous avez eu avec M. Rueff une conférence au sujet
» de la concession d'un chemin de fer de Saïgon à Pnum-
» Peuh.

» Ainsi qu'il a été convenu entre vous et M. Schœller,
» mandataire de M. Rueff, nous avons l'honneur de vous
» informer que nous serions disposés à prêter notre con-
» cours pour assurer les ressources nécessaires pour mener
» à bonne fin cette entreprise, si le capital à dépenser était
» doté d'une garantie d'intérêt de 6 p. 100 l'an, pen-
» dant la durée de la concession.

» Veuillez agréer, etc.

» KOHN-REINACH et Cie. »

« Paris, 20 février 1880.

» *Monsieur Le Myre de Vilers, Saïgon.*

» Vous avez vu avec quelle promptitude (1) nous avons
» exécuté l'Est-Algérien, et j'espère que vous aurez tout
» lieu d'être satisfait de nous, si vous voulez bien nous
» confier le premier chemin de fer en Cochinchine.

» Je suis très heureux de me trouver de nouveau en
» rapport avec vous, et vous prie d'agréer l'assurance de
» ma parfaite considération.

» J. DE REINACH (2). »

Le principe de la *concession* avait été, dans ces circonstances, adopté par le Conseil colonial, qui avait donné au
gouvernement mandat pour traiter, par *cinq* voix françaises
et les quatre Anamites qui ne savent pas le français, contre
six voix françaises et un absent (comme plus haut : voix
françaises, cinq sur douze). Il s'agissait d'engager les
finances de la colonie pour 99 ans (3).

Le gouverneur eut des scrupules (4). Il fut donc arrêté
qu'il y aurait une adjudication au ministère de la Marine,

(1) C'était du temps que M. Le Myre de Vilers était directeur des
affaires civiles en Algérie.

(2) Procès-verbaux du Conseil colonial 1880, p. 109.

(3) Voir le cahier des charges (Conseil colonial 1881, séance du
27 décembre, *J. off.* du 17 janvier, p. 73), conditions de rachat,
expropriation, réadjudication : le rôle réservé au gouverneur avec
ou sans conseil privé.

(4) Voir son discours d'ouverture de la session 1881, séance du
5 décembre.

2

mais une adjudication sans caractère définitif, après laquelle la commission renvoyait au gouverneur pour statuer (1). Le gouverneur avait obtenu du ministre d'adjuger le chemin de fer jusqu'à Mytho (70 kilomètres) (2), avec prolongement éventuel jusqu'à Vihn-Long; en tout 272 kilomètres.

L'adjudication fut annoncée le 8 juillet 1881, pour avoir lieu le 8 août. Or il faut trois mois pour correspondre avec la Cochinchine (3).

L'adjudication est faite en faveur de l'ingénieur Joret, siège social à l'Est-Algérien, 66, chaussée d'Antin (4). Les conditions étaient une garantie d'intérêt de 5 75 p. 100 sur les frais de premier établissement, à raison de 64.000 fr. le kilomètre, soit, pour 70 kil. 4.480.000 fr. Si, au lieu de 70, c'est 75, cela fait 4.800.000 fr. Or, M. Joret était autorisé à ne réaliser en actions que la moitié du capital, et en effet le capital social est de 2.378.500 fr. Si l'établissement du chemin de fer ne doit pas lui coûter davantage, cela porte l'intérêt à 11 p. 100 au lieu de 5,75. Il est à remar-

---

(1) Procès-verbal de la commission d'adjudication. Conseil colonial du 27 décembre (*J. off*. du 14 janvier).

(2) Les devis de l'ingénieur en chef Thevenet portaient 75 kil. (Conseil colonial 1880, procès-verbaux, p. 108, 2ᵉ col. en bas).

(3) Protestation de la compagnie des Tramvays. Conseil colonial, séance du 27 décembre (*J. off*. du 14 janvier).

(4) Siège social à l'Est-Algérien, 66, chaussée d'Antin. Voir l'acte de société du 25 octobre 1881 avec Reinach et consorts *Petites Affiches*, 8 nov. 1881 Dans l'assemblée générale annuelle des actionnaires de l'Est-Algérien du 2 avril, ont été nommés administrateurs MM... Joret... baron J. de Reinach. — (*Mémorial financier* du 27 avril 1882.)

quer que le Conseil des travaux évaluait la dépense kilo-
métrique à 50.000 fr. au lieu de 64.000 (1).

Les conditions ainsi établies par l'adjudication du 8 août
furent modifiées le 18 par la convention intervenue entre
le gouverneur et M. Joret : Art. 4. Pour le calcul des
sommes sur lesquelles doit porter la garantie d'intérêt, aux
frais de premier établissement sera ajouté le montant des
frais d'entretien et d'exploitation,... « sommes allouées à la
» compagnie *pour couvrir l'insuffisance des produits du*
» *chemin de fer.* » Si les autres soumissionnaires avaient su
cela d'avance!... Mais ce n'était pas la peine de dire si
haut que le chemin de fer aurait du trafic !

Une fois en si bon chemin, M. Joret demanda une nouvelle modification du cahier des charges, une augmentation du poids des rails, qui entraînait une transformation complète (2). Sous cette forme le changement ne fut
pas admis. Mais sous condition d'augmenter le poids des
rails, il fut dispensé de faire ses remblais tout en sable, ce
qui constitue pour l'entrepreneur un gros bénéfice (3). La
solidité de la voie n'y gagnera peut-être pas autant.

M. l'ingénieur Joret, le commandité de la maison Reinach, peut se regarder comme un concessionnaire bien
traité. Quant à M. Rueff, autre commandité de la maison
Reinach, aux dernières nouvelles, on m'assurait qu'il était
nommé administrateur du chemin de fer de Mytho. Nous

(1) (*J. off.* du 18 janvier 1882, p. 89).
(2) *Ibid.*
(3) Conseil colonial du 27 décembre (*J. off.* du 18 janvier, p. 89
à 94).

le retrouverons ailleurs, à l'article Messageries fluviales.

Le chemin de fer devait être construit sur route. La confection de la route était évaluée par M. l'ingénieur en chef Combier à 5.325.000 fr., prix contesté par l'ingénieur chef du service des travaux publics, Thevenet. Dans ce prix n'étaient pas compris les ponts métalliques (1). Le pont métallique du grand Vaïco était évalué par M. Thevenet, auteur du projet, à 850.000 fr.; il a été voté pour 900.000. En effet, il devait être construit sur pieux à vis, entrant de 6 mètres au-dessous du niveau de l'eau. Or, au lieu de 6 mètres, il a fallu pour trouver un fond résistant enfoncer à 22 mètres, suivant le rapport officiel ; — l'ingénieur constructeur m'a dit 24 ; et l'on parle de points où il y a 32. Les dimensions adoptées pour les travées ont dû être modifiées par le Conseil des travaux (2). Somme toute, ce pont de 900.000 fr. coûte aujourd'hui 2.800.000 fr. plus 2.500.000 pour les rampes d'accès métalliques (on les prévoyait en terre, pour 450.000 fr.), à quoi il faut ajouter pour les petits ponts, rectifications et élargissements, 880.000 fr.; s'il n'y a pas d'erreurs : soit, 5.830.000 fr. (3).

Ce n'est pas tout : le Conseil des travaux a décidé de laisser toute l'infrastructure à la charge de la colonie (peut-être ce changement aurait-il dû avoir de l'influence sur le prix de 64,000 fr. le kilomètre). De sorte qu'après avoir liquidé d'une manière plus ou moins ingénieuse les travaux déjà exécutés, la colonie se trouve encore char-

(1) Conseil colonial 1880, procès-verbaux, p. 107.
(2) Conseil colonial du 27 décembre (*J. off.* du 14 janvier).
(3) *Ibid.*

gée de 3,026,000 fr. de travaux à faire, qui ne sont que
« la continuation ou le complément de ceux engagés en
1881 (1). »

Après de si lourds sacrifices, la colonie se trouvera en
possession, non d'un chemin de fer, mais d'un tramway
du type exact de celui qui fonctionne déjà, *sans subvention*,
de Saïgon à Cholen ; il déposera des voyageurs en route,
ne dépassera pas une vitesse de 30 kilomètres à l'heure, et
n'employera pas de locomotives au-dessus de 12 tonnes :
les ponts métalliques tels qu'ils ont été conçus n'en por-
teraient pas de plus fortes. Quand même le riz consentirait
à aller en chemin de fer, on ne pourrait le transporter
avantageusement, et l'on voit combien M. Joret a été sage
de réclamer la garantie d'un minimum de trafic (2) !

Aussi M. Blancsubé a-t-il voté à cette dernière session
contre l'exécution dudit tramway (c'est un peu tard), il
en demande l'abandon le traitant de *joujou*, et fait adopter
un vœu en faveur d'un chemin de fer sérieux par Tay-
ninh (reprise du projet primitif), toujours pour le Tonkin
et *le Yun-nan*. Des études, c'est sage, on aurait dû commencer par là ; mais cela n'empêchera pas la route et les
ponts destinés au tramway d'avoir coûté un peu cher.
Seulement cela pourra fournir à un M. Joret et à un
M. Rueff l'occasion de fonder une nouvelle compagnie
avec les mêmes MM. Reinach, sous ce beau titre de
Chemin de fer du Yun-nan. La patriotique entreprise

(1) Commission du budget, Conseil colonial 1881, séance du
15 décembre (*J. off.* du 18, p. 894).

(2) Conseil colonial, séance du 27 décembre (*J. off.* du 27 janvier). Statuts, art. 16, 39, etc.

du trop oublié Dupuis n'aurait-elle produit d'autre fruit pour la France et pour lui-même, qu'une belle réclame pour des placeurs d'actions? Ou bien l'objectif des études aussi bien que des chemins de fer serait-il les mines d'or dont on parle tant (encore sur les indications de Dupuis)? — Il ne faut pas beaucoup de wagons pour transporter quelques millions en or. La compagnie à laquelle est destiné le monopole de l'exploitation pourrait bien faire les études et le chemin de fer à ses frais, au moins depuis le cours d'eau le plus voisin ; cela suffirait.

CANAUX

Ils sont au second rang, on le voit, dans ce pays qui n'est pour ainsi dire qu'un groupe d'îles séparées par des cours d'eau : et avant l'entretien, amélioration et achèvement de canaux petits et moyens, qui sont la condition de la vie dans le pays, passent encore les grands travaux, les glorieuses entreprises. Il faut faire grand. Donc deux canaux à grande section.

1° CANAL DU CUA-TIEU.

Destiné à joindre la rivière de Saïgon au grand fleuve près de Mytho sans passer par la mer. Personne, que je sache, ne conteste l'utilité de ce travail. Une fois exécuté il rendra même le chemin de fer passablement superflu. J'ignore si le projet en est entièrement nouveau, mais il a donné lieu à l'invention, par l'ingénieur hydrographe Renaud, d'un système de réservoirs régulateurs destinés à prévenir la formation de *dos d'âne*, système ingénieux et probablement pratique. Seulement le tout a été présenté au Conseil colonial, avant qu'on eût eu le temps d'en faire une étude suffisante (1).

2º Canal de Vinh-té.

Mais sur la même ligne, on en présentait un second, autrement hardi, autrement coûteux, et dont l'urgence ne frappe point les yeux : on eût dit qu'ils étaient inséparables; ils devaient faire partie de la même adjudication, comme si l'un avait dû servir de passeport à l'autre. Il s'agit du canal dit de Vinh-té, reliant la petite ville d'Hatien, sur le rivage inhospitalier du golfe de Siam, à celle de Chandoc, sur le Bassac, second bras du Mékong. Il existe là un canal annamite, qui suffit aux communications dans ces marécages déserts. Encore l'approfondir à deux mètres, projet auquel consentait à se rallier la chambre de commerce, à condition de ne pas coûter trop cher, cela pouvait avoir quelque utilité, quoique je n'aie pas remarqué qu'il eût été jamais considéré comme un moyen de dessèchement. Mais le vrai projet c'était de le creuser à trois mètres au-dessous des basses eaux et de créer un port à Hatien, afin de faire passer par là le grand commerce, et au besoin des navires de guerre. Le commerce d'où? le commerce de quoi? S'il s'établissait jamais là un courant

(1) Rapports au Conseil colonial 1880, p. Rapports de l'ingénieur en chef Combier, pages 12 et suiv.

commercial, ce ne serait qu'entre le Cambodge et Siam. Mais avec quels produits? Saïgon n'a pas encore besoin d'être dédoublé. Quant aux flottes, quelles flottes? pour aller où? Débloquer la rivière de Saïgon ? Mais il y a le Cua-tieu.

Je ne vois même pas en quoi le port d'Hatien serait mieux placé que Saïgon pour donner de l'intérêt au percement problématique de la presqu'île de Malacca (isthme de Craw). S'agirait-il de tuer Saïgon au profit de Mytho? A quoi bon? et en quoi la colonie en serait-elle plus riche? Sur toutes ces questions et sur la quasi-impossibilité du port d'Hatien, je ne puis que renvoyer aux discussions du Conseil colonial (1).

Mais indépendamment de toutes ces considérations, le projet n'avait pu être étudié que superficiellement. L'ingénieur en chef Thévenet avait d'autres occupations. Il s'était chargé d'exécuter pour la ville un puits hydrostatique, projeté par son prédécesseur, auquel il ajoutait un bassin filtrant, et recevait de ce fait une indemnité de 60,000 francs ; on avait donc détaché à la hâte pour l'étude du canal l'ingénieur hydrographe Renaud. La dépense était évaluée par les uns à 11 millions, par les autres à 15. En vain M. Combier conseillait l'ajournement de l'adjudication du canal du Cua-tien, et pour celui de Vinh-té, demandait, ce qui revenait au même, que de nouvelles études fussent mises à la charge de l'entrepreneur (2). En vain M. Vinson suppliait le Conseil d'ajourner sa décision à trois mois, pour laisser le temps de

(1) Procès-verbaux 1880, p. 93.
(2) Rapport au ministre de la marine, p. 15 et 17.

poursuivre les études. Le projet fut voté pour une somme de 13,500,000 francs (1).

En conséquence une adjudication eut lieu au ministère de la marine, le 18 août 1881. Je n'ai pu vérifier combien de temps d'avance elle avait été publiée. Une seule soumission fut présentée, celle de MM. Bourard et Coutel. M. Bourard est l'architecte de la cathédrale, M. Coutel serait, dit-on, avec M. James, notaire et membre du Conseil colonial, fondateur du nouveau journal, l'*Indo-Chine française* (titre ambitieux et peut-être impolitique; car il a l'air d'une menace. Queste cose si fanno, non si dicono). Seulement, en hommes prudents, ils soumissionnèrent à 19 p. 100 au-dessus du prix de base (2). L'entreprise leur fut donc adjugée conditionnellement. L'affaire renvoyée au gouverneur pour statuer, revint devant le Conseil. MM. Bourard et Coutel demandaient par lettre que l'adjudication leur fût maintenue. Par qui sont-ils commandités ? Je ne crois pas que l'on s'en soit enquis, peut-être le savait-on sans le demander. De grands efforts furent faits, notamment par le conseiller Blanchy, pour assurer à ces messieurs au moins une sorte de droit de préemption. Le Conseil sévèrement repris par un de ses membres sur la précipitation dont il avait fait preuve l'année précédente, ajourna pour supplément d'études. Quand le projet reviendra, peut-être saura-t-on ce qu'il doit coûter ; mais il serait bon, en attendant, d'en examiner l'oppor-

(1) Procès-verbaux 1880, p. 99.

(2) Conseil colonial, 19 décembre 1881 (*J. off.* du 30 déc. p. 903).

tunité et la proportion avec les ressources de la colonie (1).

MESSAGERIES MARITIMES ET FLUVIALES.

Aux voies de communication, objet des grands travaux projetés jusqu'ici, se rattache naturellement le service des messageries d'eau. Ce n'est pas ici une création de toutes pièces, mais une importante transformation.

Le contrat avec la maison Roque prenait fin le 15 décembre 1881. Dans le nouveau cahier des charges, on changeait la distribution des lignes, on en ajoutait de nouvelles, dont l'utilité n'était pas toujours également démontrée, par exemple, la ligne qui dessert la côte occidentale de Saïgon à Hatien : il n'y a pas même de cabotage, si ce n'est celui de quelques jonques chinoises se rendant à Camau, où elles font en même temps la contrebande de l'opium. Ce n'est pas un paquebot qu'il faudrait là, mais un croiseur. Le tout fut divisé en deux services : *Messageries fluviales* et *Messageries maritimes*, qui devaient faire l'objet d'abord d'une adjudication distincte, puis être réunis dans une adjudication commune. Il y eut des soumissionnaires, entre autres M. Rueff, le même M. Rueff qui avait été mis en avant pour le chemin de fer, mais qui ne paraît plus être commandité par les Reinach, la suite le montrera. Le public, qui est curieux, a cherché à savoir

(1) Conseil colonial du 30 décembre 1884 (*J. off*. du 28 janvier, p. 131 à 142).

quel banquier ou quel négociant de Saïgon lui avait avancé ses 100,000 fr. de cautionnement. Je ne puis insister sur ces détails, et voici pourquoi : aucun des deux services n'étant échu d'abord à M. Rueff, il devint à l'adjudication d'ensemble, maître du tout (1). Ce résultat eût-il été obtenu même avec ce système bizarre, si on l'eût appliqué régulièrement? La question est posée actuellement devant le conseil d'État. Un recours a été introduit par l'un des soumissionnaires évincés, le même qui depuis est devenu fermier de l'opium au Cambodge, où il défend courageusement des intérêts français.

L'acte de société de Rueff est assez curieux : on y verra comment il s'attribue un million pour son apport ; comment il donne en garantie aux souscripteurs d'obligations la flotte à construire avec leurs fonds, les immeubles à acquérir, et comment le rapport du commissaire nommé par les souscripteurs compte comme apport de M. Rueff la bienveillance particulière dont l'honore M. le Gouverneur (2).

La nouvelle compagnie devait commencer son service le 1er janvier 1881. Il fallut d'abord payer à l'ancienne 35,000 fr. pour le continuer depuis le 16 décembre, terme de son bail (3). Mais au 1er janvier Rueff n'était pas en mesure. On devait régulièrement confisquer son cautionnement (tant pis pour ceux qui en ont fait l'avance !) et procéder à une réadjudication. Il ne s'agissait pas, on va le voir, d'un re-

---

(1) *Journal de Saïgon* du mardi 21 décembre 1880.
(2) Consulter la pièce au greffe du tribunal de commerce.
(3) Conseil colonial du 15 décembre (*J. off.* du 28. p. 895).

tard de quelques jours. Au lieu de cela, on convient avec l'ancien entrepreneur Roque, qu'il continuera le service pendant les mois de janvier et de février, moyennant une indemnité mensuelle de 55,555 francs payable par Rueff. La colonie se réservait d'imposer la continuation des mêmes conditions pour mars et avril (1).

Les bateaux de M. Rueff, construits en Ecosse, étaient, disait-on, près d'arriver à Saïgon à la fin de janvier, excepté un qui avait péri en route, justement, paraît-il, celui destiné à la croisière de Camau. D'après des lettres récentes, il paraîtrait qu'au 2 mars les bateaux n'étaient pas encore rendus : Rueff n'avait pas payé; on ajoutait qu'il s'était retiré à Hong-Kong (2). La colonie serait donc à découvert de 222,220 francs garantis par un cautionnement de 100,000 francs, que l'on n'ose saisir et à la merci de l'ancienne compagnie, jusqu'à ce qu'il s'en soit créé une nouvelle, après adjudication. Cette fois saisira-t-on le cautionnement? Il resterait encore à savoir s'il est remboursable en piastres à 5 francs, ou au cours du jour, soit à peu près 7 p. 100 de différence, ce qu'il a été jusqu'ici impossible de découvrir (3). Ou bien M. Rueff aura-t-il assez de bonheur pour attendre

(1) Conseil colonial du 6 janvier.

(2) Aux dernières nouvelles du 25 mars, il paraît qu'un bateau sur six était arrivé; on apprenait que deux étaient perdus. Ce sont de fort petits bâtiments. Nous croyons qu'heureusement ils étaient assurés.

(3) Conseil colonial, même séance.

la constitution définitive du Crédit foncier, qui [est aussi crédit maritime, et qui peut prêter sur navires (1)?

RÉGIE DES CONTRIBUTIONS INDIRECTES.

Parmi les entreprises commencées ou simplement proposées dans le cours de l'exercice 1880, nous avons passé en revue les principales, celles du moins qui ont eu la plus grande influence sur la situation budgétaire, et nous en avons suivi l'histoire jusqu'au bout. Avant d'aborder la nouvelle série de projets qui va signaler la session de 1881-1882, il nous reste à parler d'une transformation administrative et financière de la plus haute gravité : la suppression de la Ferme de l'opium et des alcools, et la création d'une Régie des contributions indirectes.

Je n'aborderai pas pour le moment la question de la moralité du fermage de l'empoisonnement par l'opium. Le gouverneur actuel trouvait l'institution en vigueur, avec l'approbation du gouvernement métropolitain. On s'explique que la puissance de ses conceptions n'ait pas été jusqu'à créer des sources de revenus qui permissent de supprimer celle-là. Sa popularité d'ailleurs n'y eût peut-être rien gagné. Bornons-nous à examiner l'opération dans ses moyens et dans ses résultats.

Le bail de la ferme de l'opium et des alcools expirait le 31 décembre 1881. La question du renouvellement fut posée devant le Conseil colonial le 23 novembre 1880. On

(1) Statuts, Conseil colonial, séance du 13 janvier. Voir plus loin page 37.

proposait la méthode bizarre d'adjudication que nous avons déjà vu appliquer aux messageries en vue, paraît-il, d'encourager la concurrence : la ferme de l'opium et celle des alcools devaient être adjugées d'abord séparément, puis pouvaient être réadjugées ensemble à l'adjudicataire de l'une des deux (1).

Les fermes réunies rapportaient alors 6,720,000 francs; le prix de base était porté cette fois à 7,000,000 francs avec des aggravations de charges pour les fermiers (2).

A la ferme de l'opium pour la Cochinchine on adjoignait indissolublement celle du Cambodge ; c'était, disait-on, un commencement d'annexion indirecte du royaume protégé. Mais cette ferme, que le roi ne trouvait pas à placer pour 1,100,000 francs était imposée au nouveau fermier pour 1,500,000.

A l'adjudication qui eut lieu à la fin de décembre, le prix de base ne fut pas couvert, bien qu'il fût venu des soumissionnaires de Singapoor et d'ailleurs. Et le Conseil colonial fut convoqué en session extraordinaire le 8 février 1881, pour approuver la création de la régie.

L'insuccès de l'adjudication fut attribué à des manœuvres (3). Mais en même temps la substitution de la régie à la ferme était présentée comme un événement heureux. C'était comme la suite de cette campagne bruyante entreprise contre les *caractères chinois* dès le

(1) Procès-verbaux 1880, pages 123 et suiv.
(2) Cahier des charges, Saïgon, imprimerie nationale, 1880.
(3) Rapport du commissaire du gouvernement, session extraordinaire 1880, procès-verbaux, p. 3.

début du nouveau gouverneur (1). Cette campagne avait eu une exception, quand vers la fin de l'année 1880, le gouverneur invita le directeur de l'enseignement à créer au collège Chasseloup-Laubat, un cours, non de caractères, mais bien de *langue* chinoise, à la demande de Wang-taï, chef de la congrégation de Canton. — Il faut lire la sortie contre les Chinois dans le rapport de l'ingénieur Thévenet au Conseil colonial 1880 (2). A la première séance les quatre inséparables Annamites présentèrent une pétition en faveur de la régie, comme devant augmenter les revenus de l'État et *diminuer l'influence chinoise* (3). Les mêmes, dans une lettre lue à la séance suivante, reprochaient aux Chinois de vouloir nous faire passer sous leurs *fourches Caudines*, et les accusaient de toutes sortes de violences et de crimes. Les fourches Caudines étonnèrent certains conseillers. Les Annamites, d'ailleurs, mis en demeure de dénoncer les coupables reculèrent (4).

La régie fut votée à l'unanimité, y compris les quatre Annamites, mais avec trois abstentions, et sous les réserves formelles de certains conseillers, renvoyant la responsabilité au gouvernement, et lui accordant un *vote de confiance* (5).

Donc la régie fut organisée. Le gouverneur mit à la tête avec 36,000 fr. de traitement un certain M. Boyer, ancien chef du service administratif à Saïgon, précédem-

---

(1) *J. off.* et *Bulletin* de la direction de l'intérieur, depuis septembre 1879, *passim*.

(2) *Ibid.*, page 245.

(3) *Ibid.*, page 3.

(4) Session extraordinaire, procès-verbaux, p. 9.

(5) Procès-verbaux, p. 15, *passim*.

ment chef du même service à la Nouvelle-Calédonie, sous M. Gautier de la Richerie et l'amiral Ribourt, et connu auparavant comme commissaire de la marine à Taïti. Celui-ci composa d'abord son administration de 63 employés français, je crois.

La transformation était-elle avantageuse au point de vue fiscal? C'est ce que l'on promettait, et c'est ce qu'affirme encore le *Journal du Havre* dans son numéro du 21 mars 1882.

Voici les chiffres.

Un premier crédit de 1,100,000 fr. est voté pour frais d'installation (1). (On commence toujours par les petites sommes). Une seconde somme de 2,406,000 fr. est à prendre sur la caisse de réserve (2).

Déjà, au cours de la session de 1880, avant qu'il fût question de la régie, le Chinois Wang-taï, chef (ou ex-chef?) de la congrégation de Canton, celui qui obtenait un cours de langue chinoise, avait offert de vendre à l'administration son immeuble du quai du commerce pour 45,000 piastres, ce qui faisait alors environ 225,000 fr. Après l'avoir loué et y avoir fait des aménagements coûteux, portés sur les crédits précédents, on en a décidé l'achat (3) pour 254,000 fr. Avec les frais de réparations à faire, cela s'élèvera à 412,940 fr. Mais d'après les derniers rapports des architectes, lus au conseil, il paraît que cette

(1) Conseil colonial du 10 février 1881, procès-verbaux, p. 16.

(2) Conseil colonial, 31 décembre 1884 (*J. off.* du 1er février, p. 151). —Arrêté du 30 janvier 1882 (*J. off* du 4 février, p. 157).

(3) Conseil colonial du 23 décembre 1884 (*J. off.* du 7 janvier, p. 27 et suivantes).

maison est une baraque qui menace ruine. Est-elle bonne, au contraire, comme certains le pensent? Alors pourquoi ces 160,000 fr. de réparations?

Dans l'intérieur on acquiert aussi un certain nombre d'immeubles, plutôt vieux que neufs, à tel ou tel, à M. Garcerie, entrepreneur de scierie, élu au Conseil colonial, par 135 voix le 5 mars ; au Phủ Loc, ancien membre de la commission du code civil, etc., etc.

En somme, pour frais d'installation faits ou prévus jusqu'ici : 3.883.000 francs.

En revanche, on porte au budget des recettes une augmentation d'environ 4 millions sur l'opium et les eaux-de-vie de riz. Mais cette augmentation étant dépassée par les frais, on retombe pour les recettes prévues un peu au-dessous du revenu antérieur de la ferme (1). Quant aux rentrées, le Conseil colonial a bien exprimé la crainte qu'elles fussent inférieures aux prévisions, sans pourtant que l'on ait modifié le chiffre inscrit au budget, dont cela aurait bouleversé l'équilibre, déjà instable (2). Or,

(1) Séance du 29 décembre 1881 (*J. off*. du 30 décembre, p. 906).
(2) Rapport de la commission du budget.

Régies de l'opium et des alcools estimées d'après les chiffres officiels publiés :

Budget local pour l'exercice 1882, page 14 :

Opium, recettes prévues. . .	1.559.000 p^es	
Alcools —	550.000	2.109.000 p^es

Budget local, page 134 : Dépenses régie.

Opium.	772.346 p^es	
Alcools.	45.100	817.446
Bénéfice net **prévu**		1.291.554 p^es

pour le mois de janvier 1882, le déficit constaté est déjà de 246,000 francs (46,000 piastres). Les mois de décembre à juin sont de beaucoup les meilleurs pour la vente. Ce renseignement est emprunté à l'ancien président pendant dix ans du conseil d'administration de la ferme. C'est donc un déficit d'au moins trois millions à prévoir sur l'année 1882. Ce n'était pas la peine, assurément, de changer... d'organisation, et si l'on continue à calculer aussi juste les budgets de l'avenir, où allons-nous?

La ferme de l'opium au Cambodge, n'ayant pu être jointe à celle de Cochinchine, redevenait indépendante. Le

Soit au change de 5 fr. **6.457.770** francs.

Ces mêmes revenus affermés rapportaient en 1881 : **6.730.000** francs.

Journal officiel de la Cochinchine française, p. 22, 15 février 1882. Recettes de janvier :

Opium.	99.789 p[es]	
Alcools	28.130	
12 mois estimés à . .	127 919 p[es] donneraient	1.535.020
de recette brute, moins frais d'autre part.		817.440
Laisseraient de revenu net		717.580

Soit au change de 5 francs **3.587.900** francs.

Le cahier des charges du 23 novembre 1880, pour l'adjudication 1882-85 fixait la redevance nette à payer au chiffre minimum de **7.000.000** de francs.

Il résulte de ces chiffres que, d'après le premier mois d'exercice, la perte annuelle sur les revenus antérieurs dépasserait 3.000.000 de francs, soit près de 50 0[0 de déficit, sur un chapitre qui forme le tiers du budget total de la Cochinchine.

roi traita avec une compagnie française. La vigilance et l'énergie avec laquelle les fermiers réprimaient la contrebande étaient une bonne fortune pour la colonie, et protégeaient notre frontière. Mais, par la même raison, elles déplaisaient au roi et surtout à sa cour. Un parti chinois ayant à sa tête trois Allemands poussait le roi à se dérober à ses engagements. Le gouvernement de la colonie, mis en demeure d'intervenir, fut obligé de maintenir les droits de ses nationaux. Depuis, il y a de graves tiraillements. Serait-il donc de l'intérêt de la colonie de voir la contrebande recommencer au Cambodge? Si la compagnie française venait à succomber, je ne dis pas que nous aurions travaillé pour le roi de Prusse, mais nous aurions fortifié et encouragé l'alliance des Chinois et des Allemands, les deux races les plus envahissantes de la terre (1).

(1) Mémoire au gouverneur par les fermiers de l'opium au Cambodge, Saïgon, 1er août 1881.

III

Monopoles et opérations
financières

Tels étaient les résultats acquis ou déjà imminents à la fin de la campagne de 1881, au moment où le Conseil colonial ouvrait sa deuxième session ordinaire, et ils auraient semblé de nature à inspirer la prudence. C'est le contraire qui arriva. Une série de nouveaux projets engageant l'avenir et liant la colonie allaient être mis en avant par un seul et même financier, M. Ternisien, ancien magistrat en Cochinchine, non plus, cette fois sous les couleurs des Reinach, mais au nom de la maison Sellières.

TRAVAUX DE NAVIGATION

Par exemple, par une lettre adressée au Conseil colonial, il demandait simplement le monopole des travaux de navigation intérieure et maritime de la Cochinchine. Cette proposition n'a pas encore eu de suite (1) à ma connaissance

(1) Séance du 20 décembre (*J. off.* du 31 décembre, p. 917).

du moins. Mais elle a été renvoyée à la commission, et le renvoi à la commission, en Cochinchine, quand il s'agit de projets financiers, n'est pas un enterrement.

CORPS MORTS

Il se serait empressé également de rendre le service d'établir dans la rivière de Saïgon, des *corps morts*, dont le port avait été privé jusque-là. La question avait été mûrement étudiée par une commission d'hommes compétents, il y a plusieurs années; et ils avaient déclaré que l'opération serait nuisible et rendrait le port impraticable. Aussi la proposition de M. Ternisien sur cet article fut-elle... ajournée (1).

LOGEMENTS D'EMPLOYÉS

Il demandait encore le monopole de la construction de logements pour employés. Ceux-ci devaient y être logés moyennant une retenue de 5 p. 100 sur leur traitement. L'indemnité de logement, qui était en dehors du traitement, était-elle préalablement supprimée? Il y a là quelque chose à éclaircir. Il est vrai que les employés ne sont pas obligés d'accepter ces logements et la retenue. Ils restent libres d'habiter ailleurs à leurs frais. Mais où? Dans des cases annamites, puisque personne n'a plus le droit de bâtir? A Saïgon il y a des maisons bâties sans subvention du gouvernement : la Compagnie qui fait la concurrence

(1) Séance du 13 janvier 1882 (*J. off.* du 11 février, p. 212).

avec subvention les rachètera-t-elle? Aucune de ces questions n'a été soulevée. M. l'ingénieur Pavillier, chef par intérim du service des travaux publics, se renfermant correctement dans son rôle, se contenta, dans son rapport, de montrer par une analyse simple et précise, que la convention proposée était ruineuse au point de vue financier, et mettrait la colonie à la merci de l'entrepreneur. La question fut donc..... ajournée (1), mais elle fut reprise. Le projet de convention fut approuvé. Le nouvel ingénieur en chef insistait pour la *concession* à l'auteur de la proposition. Le Conseil se décida pour l'adjudication (2). L'adjudication, où aura-t-elle lieu? Combien de temps d'avance sera-t-elle publiée? Et ne sera-t-on admis à y prendre part qu'avec l'agrément du gouverneur (3)?

BASSIN DE RADOUB

Tout le monde a entendu parler de la perte du Dock flottant exécuté à Saïgon par le Creuzot, un dock de trois millions, dit-on. L'ingénieur de la marine, directeur de l'arsenal, n'était pas là pour en faire la réception : il avait été rappelé subitement en France à la demande du gouverneur, pour des raisons que ce dernier doit connaître, et que M. Blancsubé n'ignore sans doute pas.

Quoi qu'il en soit, c'était une bonne occasion pour

(1) Séance du 30 décembre (*J. off.* du 28 janvier, p. 131).

(2) Séance du 9 janvier 1882 (*J. off.* du 11 février, p. 194). — Séance du 13 janvier (*J. off.* du 13 février, p. 204).

(3) Cahier des charges du chemin de fer, art. 36, séance du 27 décembre (*J. off.* du 17 janvier).

M. Ternisien d'en proposer le remplacement par un bassin de radoub en maçonnerie. L'idée assurément mérite considération, mais il eût été sage de s'informer des intentions de la métropole, qui avait fait le dock et qui était la première intéressée à le remplacer, afin de compléter l'arsenal. C'est ce que l'on fit observer dans le sein du Conseil. Mais l'on passa outre : il fallut absolument que la colonie s'engageât à tout hasard pour une part de trois millions, avec garantie d'intérêt au concessionnaire. Car, dans cette combinaison, le bassin est mis en exploitation par une Compagnie; il ne reste plus qu'à donner l'arsenal en concession au premier capitaliste recommandé par le gouverneur ou le député, avec garantie d'intérêt. Mais pourquoi trois millions? et combien peut coûter un bassin de radoub? On s'en enquerra plus tard. Cette résolution, vivement combattue, est votée par 10 voix, dont les quatre annamites (1); et l'on voulait même charger M. Ternisien de négocier à ce sujet avec le ministère de la Marine.

CRÉDIT FONCIER

Ce seul titre de Crédit foncier fait songer à des capitaux versés avant tout à l'agriculture. Et, en effet, on se préoccupait depuis longtemps, notamment au Comité agricole, des moyens de fournir à la culture des capitaux à un taux moins élevé que celui de 36 p. 100 fort usité en Cochinchine. Il y avait des institutions de crédit dans la colonie, on avait

(1) Séance du 6 janvier 1882 (*J. off.* du 8 février, p. 180 à 183).

même pris déjà des arrangements avec la banque de l'Indo-Chine. On pouvait en prendre de meilleurs, soit avec le même établissement, soit avec un autre, soit avec plusieurs ; et il se serait fait sans bruit un grand progrès, encourageant pour l'industrie privée, et sans danger pour la liberté.

Cependant, une commission réunie en France, dont faisaient partie M. Le Myre de Vilers et M. Blancsubé, avait adopté, paraît-il, le principe de la création d'un établissement privilégié, subventionné, d'une banque d'Etat.

L'honorable M. Godin, ancien député de l'Inde, venu tout exprès en Cochinchine, s'était mis sur les rangs. Deux lettres de lui (1) sont *renvoyées à la commission.* A la séance du 3 janvier, MM. Ternisien et Godin, appelés devant le Conseil, font les mêmes offres (cette séance est intéressante à lire), posent les mêmes conditions (2). Après quoi le monopole du Crédit foncier est attribué sans adjudication, par concession immédiate à M. Ternisien, avec garantie de 5,50 p. 100 pendant 60 ans, sur les obligations à émettre ; le fonds social est de 10 millions. Il est établi dans la discussion que la garantie ne portera que sur les sommes réellement prêtées (3). Cette clause sera-t-elle reproduite sur les annonces pour l'émission ?

Quels services est appelée à rendre cette puissante institution ?

(1) Séance du 20 décembre (*J. off.* du 31 décembre, p. 917, et séance du 23 décembre (*J.off.* du 7 janvier, p. 27).

(2) *J. off.* du 4 février. p. 161 à 167.

(3) *Ibid.*

Elle est fondée sous le nom de Crédit foncier agricole et industriel *de Cochinchine* (1). Dans les statuts je lis entre autres choses ceci : « Il prête..... à tous autres industriels » ; et en effet de longtemps on ne prêtera 10 millions à l'agriculture. C'est la suppression des banques non subventionnées, qui ne pourront sans doute prêter au même taux. Je lis encore : « Ouvrir des crédits » à des industriels subventionnés par le gouvernement » local, ou à l'œuvre desquels il reconnaîtra, le conseil » privé entendu, le caractère d'utilité publique. » Voilà donc désormais deux classes d'industriels ; les uns subventionnés, les autres d'utilité privée, ceux-ci prenant des fonds à des taux élevés à des banques non subventionnées, mais payant comme contribuables leur part des subventions au moyen desquelles on leur fera une concurrence ruineuse. Ces mots : *le conseil privé entendu*, indiquent assez qu'ici *le gouvernement* veut dire *le gouverneur*. Supposons (on a le droit de tout supposer) que la Cochinchine, un jour, tombe entre les mains d'un homme autoritaire, possédé de la manie du pouvoir personnel, la fortune publique et privée est entre ses mains ;

Et nul n'aura d'argent, hors nous et nos amis.

Les messageries de Cochinchine sont d'utilité publique, or le Crédit foncier peut « prêter sur navires comme *crédit* « *foncier maritime.* » Que l'on fasse des adjudications aussi régulières que l'on voudra, celui qui peut compter sur la

(1) Statuts. Séance du 13 janvier (*J. off.* du 11 février, p. 204 et suivantes).

bienveillance du gouverneur que j'ai supposé, pourra toujours souscrire à des conditions plus douces que ses con-
currents.

Quant aux prêts à l'agriculture, il faudrait lire avec soin
la partie des statuts qui y a rapport et la discussion (1),
et l'on se demandera si la véritable condition pour obte-
nir des avances ne serait pas la recommandation de l'administration, et s'il ne peut pas venir un jour où les électeurs annamites reconnaîtront qu'il y a les rizières des amis
et les rizières des ennemis du gouvernement, avec ou sans
conseil privé.

Je continue :

L'art. 56 dit : « L'assemblée générale pourra modifier
» les statuts..... *élargir* ou modifier l'objet et l'organisa-
» tion de la société. »
Il n'a pas été posé, ce me semble, de conditions de na-
tionalité, ni de limites géographiques aux entreprises du
Crédit foncier. L'élargissement irait-il jusqu'à commandi-
ter, avec la garantie de la colonie, le percement plus ou
moins problématique de l'isthme de Craw (presqu'île de
Malacca)? Les percements d'isthmes sont à la mode, il
faut en profiter. Permettra-t-il de fournir des fonds à bon
marché à l'adjudicataire heureux du monopole des charbons que l'on explore au Tonquin, ou des mines d'or
dont Dupuis signalait l'existence au Laos, et que l'on se
promet d'exploiter au Cambodge? Commanditera-t-il le

____

(1) *J. off.*, passages cités ci-dessus.

chemin de fer du Yunnan? Quelle est la puissante maison qui embrassera toutes ces entreprises? Quel est l'heureux banquier qui lancera de si séduisantes affaires? M. Ternisien est venu comme représentant de la maison Sellières, je ne doute point qu'il n'en ait fourni les preuves, seulement je ne remarque pas que le Conseil colonial s'en soit fait rendre compte. Je demande enfin s'il est d'une sage politique de mettre dans une seule main toutes les richesses de l'Indo-Chine.

Poursuivons.

Le Crédit foncier, agricole, industriel, maritime, à statuts élastiques, pourra encore « prêter à la colonie, aux communes ou syndicats, etc., acquérir des créances sur l'État, la colonie... » Un créancier est un maître. Les statuts du Crédit foncier en pouvaient faire déjà un instrument de despotisme et d'accaparement, un instrument de ruine pour la colonie entraînée dans toutes les aventures : avec la nouvelle clause, le point de vue change, et l'on se demande si ce n'est pas le gouvernement même de la Cochinchine qui va passer aux mains d'une compagnie financière.

IV

Situation actuelle

EXPÉDIENTS

Le budget présenté par l'administration avait bonne apparence : 23 millions de recettes, soit trois de plus que
l'année précédente, avec lesquels on faisait face au
déficit de ladite année, aux dépenses rendues nécessaires
par la continuation des travaux, et au fonctionnement des
divers services. Ce n'était pas sans réductions et sans
tiraillements. Pour les travaux il fallait en rabattre déjà
beaucoup des visées ambitieuses du début. Quant à la gêne
dans les divers services, elle n'était pas nouvelle, et il
sera facile d'y porter remède quand la cause générale du
malaise aura disparu. Je me bornerai à quelques échan-
tillons qui ne donneront qu'une idée imparfaite du reste.

En prévision des routes et chemins de fer qui dans
quelques années ne conduiront pas encore partout, on réduit la construction de chaloupes nécessaires aux chefs de
service pour la circulation dans l'intérieur.

Les employés dans l'intérieur ne trouvent pas où se
loger sainement. On avait décidé la construction de mai-

sons dans tous les centres : c'était une question d'humanité. En 1882, le nombre des maisons à construire était réduit à deux.

Sur les onze arrondissements qui n'avaient pas d'écoles françaises, quatre externats avaient été projetés en 1880 (1). Un est en construction pour 88.000 fr. Des trois autres un seul, de 150.000 fr., fut d'abord porté au budget, puis réduit à 35.000 fr. pour commencement de travaux.

Ce qui est plus grave que l'insuffisance des crédits, ce sont les artifices qui voilent la situation, ou qui violent des droits.

Il existait une *caisse de prévoyance*, dans laquelle on versait 25 p. 100 en sus [du traitement de certains fonctionnaires, pour leur constituer un capital après douze années de service effectif. Un décret récent (4 mai 1881) réduit la durée du service exigible à six ans, et la proportion du traitement à 20 p. 100. Les avantages ou désavantages qui peuvent en résulter pour les fonctionnaires sont une question administrative qui ne touche pas directement au budget. Mais le même décret transforme la *caisse* en un *compte* de prévoyance (2). Les versements n'ont lieu qu'au moment de la liquidation, ce qui permet de rejeter la dépense sur l'avenir et de décharger le présent d'autant, mais au risque de se préparer de fâcheuses surprises, et de s'exposer à manquer à des engagements.

L'adoption de la *piastre* comme unité monétaire, et la

(1) Rapports au Conseil colonial 1880, p. 413.

(2) Voir le rapport sur la présentation du budget en 1882, pages XL et L.

différence entre le taux arbitraire de 5 francs, auquel elle
est donnée aux fonctionnaires, et le taux réel qui était
déjà descendu en janvier 1882 à 4 fr. 68 c., constitue un
impôt de 7 p 100 sur tous les traitements, qui ira en
s'aggravant. On a seulement exempté de la perte au
change les frais de représentation de certains dignitaires.

SUPPRESSIONS DE DÉPENSES.

Malgré tant de précautions, au cours de la session du
Conseil, il se produisit un écart entre les prévisions de recettes et de dépenses, qui atteignait environ un million à
la séance du 6 janvier (1). Il fallut faire encore des sup-
pressions.

En voici une première, destinée peut-être à produire de
l'effet : Abolition de la *subvention à la mission* (160.000 fr.),
cela ne la gêne pas beaucoup tant qu'elle aura les terres.
Mais, si l'on entrait dans cette voie, il eût été facile de supprimer le *collège des Frères* (collège d'Adran). C'étaient
environ 70.000 fr. qui faisaient retour à l'enseignement
laïque. On a préféré refuser le crédit de la *direction de
l'enseignement* (2), bien que ce fût une dépense obliga-
toire ; mais le Conseil pense avoir modifié la législation sur
ce point (3). Il est vrai de dire que le titulaire n'avait
jamais voulu faire de propagande électorale ; il est dé-

(1) *J. off* du 8 février, p. 171 à 175.
(2) Séance du 28 décembre (*J. off.* du 21 janvier).
(3) Séance du 15 décembre 1881 (*J. off.* du 28, p. 892). —
Séance du 28 décembre (*J. off.* du 7 janvier, p. 30). — Procès-
verbaux du conseil colonial 1880, séance du 8 nov. p. 45. — Rapport

noncé à ce titre dans le journal de M. Blancsubé, l'*Ere nouvelle* du 26 novembre 1881, en compagnie de deux autres chefs de service. Un quatrième, le directeur de l'arsenal, eût sans doute été de la partie, s'il n'eût été expédié en France trois mois avant, à la grande joie de la même *Ere nouvelle*... (1).

On supprime les derniers 35.000 fr. pour commencement de travaux d'une école (2), et le rapport du directeur des travaux publics ne laisse pas à supposer qu'ils soient rendus sur un autre exercice.

On supprime les deux maisons pour employés, à Mytho. MM. les employés attendront que M. Ternisien soit en mesure d'user de son monopole de constructeur.

Il y avait une pauvre petite somme de deux mille francs (2.000 fr.) destinée à acheter dans l'Inde de la semence de riz Indra-Mayo. Il s'agissait du renouvellement de la culture en Cochinchine, c'est l'avenir de l'exportation qui est en jeu. Ce crédit est supprimé et rejeté sur les 100.000 fr. d'encouragements à l'agriculture (3). Mais il n'est pas sûr que ceux-ci soient mis en distribution, en perspective du *million* promis pour l'année 1889. C'est ce qui peut s'appeler escompter un centenaire (4). C'est pourquoi la ferme d'essais

au conseil colonial 1880, p. xi. — Décret du 8 février 1880, instituant le Conseil colonial.

(1) *Ere nouvelle* du 16 juillet 1881.

(2) Séance du 15 décembre (*J. off.* du 23, p. 983) — et séance du 27 décembre (*J. off.* du 14 janvier 1882, p. 65).

(3) Séance du 6 janvier (*J. off.* du 8 février, p. 174) — et séance du 11 janv. (*J. off.* du 11 février, p. 200 et 201).

(4) Même séance.

(ferme des Mares) offre, en attendant mieux, son Indra-Mayo de reproduction, récolté à la ferme (1).

CRÉATION DE RECETTES.

Il ne suffisait pas de supprimer des dépenses, il fallait créer des recettes nouvelles.

Forêts. — Il y a bien une source de richesse qui risque d'être tarie ou du moins compromise : ce sont les forêts, dont le service est encore à organiser. Mais c'est un produit à longue échéance, et qui ne saurait faire face aux embarras du présent. On a donc cherché ailleurs.

Par une convention conclue avec le gouvernement de la colonie, les dépenses du *Protectorat du Cambodge* sont mises à la charge du roi. Le protecteur et les autres fonctionnaires français, deviennent les salariés de S. M. Norodom Ier (2).

La FERME DES JEUX, abolie par le gouvernement métropolitain depuis longues années, est rétablie sous la forme de *Ferme des paris sur les lettrés.* On parie sur les candidats aux examens en Chine, comme sur des chevaux. L'administration se déclare impuissante à surveiller ces opérations, c'est pourquoi elle les autorise (3). Le bénéfice du

----

(1) J. *off.* du 15 fév. et n^{os} suivants. Le traitement du Directeur de la ferme de Mares a été augmenté de 1.000 fr. en considération de la valeur personnelle du titulaire, qui justement se disposait à entrer dans la régie de l'opium : il est aujourd'hui démissionnaire. A qui destine-t-on le traitement augmenté ?

(2) Séance du 26 décembre (J. *off.* du 11 janvier; p. 47).

(3) Voir le rapport de M. Cardi, séance du 16 décembre, (J. *off.* du 17, p. 887).

banquier est, dit-on, de 25 p. 100. Il serait curieux de savoir si les examinateurs parient. Sur les négociations engagées sur cette affaire dans le cabinet du gouverneur, voir la séance du 19 décembre (1). La ferme adjugée pour 250,000 fr. chacune des trois premières années, et 300,000 les trois suivantes, a été revendue avec une plus-value qui s'élèverait à neuf cent mille francs (900,000 fr.) dont le gouvernement n'a pas bénéficié (2). Un membre du conseil avait prévenu qu'il y avait des offres pour 5 à 600,000 fr. (3).

EMPRUNT.

En attendant les emprunts ostensibles, on en fait de déguisés. On met à la charge des entrepreneurs l'avance des trois millions de travaux votés pour les prochains exercices, dont 300,000 en 1882 : de cette façon à pouvoir retenir 40,000 fr. sur la première annuité (4). Il en faudra payer les intérêts, qui sont à ajouter aux trois millions. Les entrepreneurs, où prendront-ils des fonds ? Est-ce au Crédit foncier, qui prête aux industriels recommandés par le gouvernement ? C'est rendre les adjudications illusoires.

(1) *J. off*. du 31, p. 917.
(2) Même séance du 16 décembre.
(3) Correspondances du *Siècle* des 18 et 23 mars 1882.
(4) Séance du 6 janvier (*J. off*. du 3 février, p. 175).

DÉFICIT

Quelle que soit la valeur des moyens, en somme, l'équilibre était rétabli; mais sur le papier seulement.

L'exportation du riz en 1881 présentait déjà, à ce moment, une moins-value de (1) . . . . . 1.500.000 fr.

Sur l'exportation du riz en 1882, il y avait à prévoir un déficit de 750.000 fr., et l'on n'avait réduit les prévisions que de 500,000 fr., reste à prévoir un déficit de (2). 250.000

Nous avons calculé plus haut sur l'opium et les alcools un déficit de. . . 3.000.000

Ajoutons-y un premier découvert de. . 122.000 du fait des messageries de M. Rueff, et les suites qui échappent encore à mes calculs, et nous dépasserons. . . . . . . 5.000.000 fr.

Je ne suppose pas que les travaux publics aient été évalués d'une façon aussi bizarre que l'année précédente, et qu'il faille multiplier par 4 les crédits votés. Toutefois il ne serait que sage de prévoir de ce côté quelque gros mécompte.

(1) Rapports au Conseil colonial 1881, p. xxxv. Déclaration du Directeur de l'intérieur, séance du 1 janv. (*J. off*. du 11 fév., p. 200).

(2) Séance, 29 déc. 1881 (*J. off*. du 30, p. 906 et 907).

Dans le rapport de présentation du projet de budget (1) les contributions des patentes, de 850,000 fr. sont portées à *environ* 900,000 fr. On ne tient pas compte d'une différence possible de 15,0 0 fr. sur la capitation des Asiatiques, de 40,000 fr. sur l'impôt personnel (page XXXI). La mise à exécution des services fluviaux devait permettre une économie de 75,000 fr. sur le *tram* (poste à cheval), les nouveaux services fluviaux fonctionneront-ils? ou renouera-t-on avec l'ancienne compagnie dans les mêmes conditions que précédemment? etc., etc.

Cet optimisme fait trembler quand on pense à l'erreur colossale commise sur les recettes de l'opium. Pour peu que les dépenses aient été minorées sous l'impression du même besoin, les déceptions s'aggravent encore. Et ainsi, ce bel équilibre si laborieusement établi, si chèrement entretenu, aboutit en réalité à un déficit de CINQ A SIX MILLIONS, si ce n'est davantage.

FAILLITE VOLONTAIRE

Ce serait l'occasion d'avoir recours à la caisse de réserves. On se souvient que nous l'avons laissée en possession de 8.640.000 fr. Mais c'était un chiffre fictif. En effet, au moment où elle recevait un dernier versement de 2.100.000 francs sur l'exercice 1880 (fin juin 1881) (2), des dépenses extraordinaires étaient engagées, ou des recettes supprimées pour trois fois la même somme.

(1) Rapports au Conseil colonial 1881 p,. XXVIII et s.
(2) Budget local 1881, p. 123.

Moins-value sur les prévisions de recettes. .   893.000

Travaux publics commencés en 1880, à payer
sur 1881 (1). 1.878.000

Création de la régie de l'opium qui absor-
bait un premier crédit de (2). 1.100.000

et allait en réclamer un second de (3) . . .   2.406.000

Total..... 6.277.000

Il est vrai qu'une partie de cette somme avait été payée au moyen de *virements*, c'est-à-dire aux dépens de services laissés en souffrance (4).

Le chapitre de l'instruction publique était celui dans lequel on puisait le plus volontiers. Il avait été porté, pour l'année 1881, à 1.908.000 fr. On avait pu imprimer en gros caractères (5) 1.911.000 fr., près de 10 p. 100 du budget total. A Paris on disait : deux millions (6); cela allait avec les 30.000 élèves (Etat actuel de la Cochinchine, 1880). Rien qu'en deux virements ce chapitre perdit (7) près de 300,000 fr. Ce n'est qu'à la clôture de l'exercice, fin juin 1882, que l'on saura au juste combien il lui a été laissé. En attendant, l'effet était produit.

On avait, par ce procédé, soldé environ deux millions sur un peu plus de six. De sorte que la réserve, accrue en

(1) Conseil colonial du 10 décembre 1881 (*J. off.* p. 836).
(2) Commission du budget (*J. off.* du 17 décembre 1881, p. 838).
(3) Séance du 31 décembre (*J. off.* du 1er février, p. 151).
(4) Arrêté du 30 janvier (*J. off.* du 4 février, p. 157).
(5) Rapports au Conseil colonial 1880, p. 474.
(6) Conférence de M. J. Blancsubé, collection de l'*Ere nouvelle.*-
(7) *J. off.* du 7 septembre et du 26 décembre 1881.

apparence de **2.100.000 fr.**, se trouvait en fait diminuée d'à peu près autant ; et, au moment où allait s'ouvrir la session de décembre 1881, la somme réellement disponible était d'environ 4 millions et demi.

C'était encore un beau chiffre, et l'on eût pu en profiter pour hasarder une diminution de recettes féconde pour l'avenir, et peut-être assez légère dans le présent : à **sa**voir, le dégrèvement de moitié des droits de phare et d'ancrage pour les navires à vapeur établissant des relations entre Saïgon et l'Europe, ou entre Saïgon et les grands ports de la Chine et du Japon. Les avantages de cette mesure, signalés à la session de 1880 (1), mieux déterminés à celle de 1881 (2), furent enfin, dans la séance du 11 janvier (3), l'objet d'un... vœu. Quant à l'exécution, elle est ajournée à des temps meilleurs. Le développement du commerce libre, est-ce une affaire si pressée ? Et qui sait si la Chambre de commerce ne serait pas animée d'un mauvais esprit ?

Il parut beaucoup plus urgent de tirer de la caisse trois millions et demi (3.500.000 fr.) pour solder à l'Espagne le reste de la contribution de guerre, dont le paiement était garanti par les douanes du Tonquin (4). Craignait-on quelque complication avec l'Espagne ? Quels projets si secrets médite-t-on sur le Tonquin, qu'il faille éloigner tous les

(1) Séance du 6 novembre 1880, procès-verbaux, page 103.
(2) Séances du 19 décembre 1881 ; (*J. off.* du 30 décembre, p. 99).
(3) *J. off.* du 11 février, p. 199.
(4) Séance du 10 décembre 1881.

témoins (1), ou bien tenait-on à rendre inévitable la nécessité d'un emprunt?

Toujours est-il que la caisse ne contenait plus, lors de la séance du Conseil colonial du 19 décembre (2), que 900.000 francs, qui allaient être réduits, par l'achat de la maison Wang-taï (voir plus haut, page 30); elle a fini par rester à 750.000 fr. Jamais, dans les plus mauvaises années, elle n'était descendue si bas, excepté en 1873 (621.000 fr.) (3).

On sent si bien où l'on en est que la colonie qui croit déjà s'appeler l'Indo-Chine, se déclare hors d'état de s'acquitter envers la métropole et qu'elle demande grâce du contingent de 2,500,000 fr., toujours en vue des grands travaux (4).

MENDICITÉ

C'est peu de demander un cadeau à la France, un peu obérée, mais riche, en somme : on songe à emprunter aux pauvres. Dans la même séance où l'on traçait déjà en imagination le chemin de fer de la Polynésie — non, du Yun-nan, un vœu était émis à l'effet d'emprunter, toujours pour les grands travaux, un petit demi-million. Sur quoi? sur les 60 millions destinés à venir en aide aux communes pauvres dans la construction de leurs écoles. Il est vrai que l'on s'engageait à reporter ultérieurement cette somme sur

(1) Au moment de mettre sous presse, nous lisons dans les journaux du 4 mai la nouvelle du bombardement de Hanoï.

(2) *J. off.* du 31 décembre, p. 906.

(3) Rapports au Conseil colonial 1880, p. XXVI.

(4) Séance du 9 janvier (*J. off.* du 11 février).

la construction de bâtiments scolaires. On n'est pas plus humble, mais on pourrait être plus délicat. *Malesuada fames et turpis egestas.*

PRODIGALITÉ

Telle était la situation qu'il fallait présenter à l'approbation du gouvernement métropolitain et à la ratification des deux Chambres. C'est sans doute pour l'encourager dans cette délicate mission que le Conseil colonial dans sa séance du 31 décembre 1881 vote vingt-sept mille francs (27,000 fr.) par an de frais de représentation à son président, à l'apologiste des grands travaux, au promoteur du chemin de fer de la lu... du Yunnan, au premier député de la Cochinchine, à l'avocat Blancsubé, au père du jeune *Gambetta Blancsubé*, boursier de la colonie comme ses deux frères (1). Pour lui, il l'expliquait autrement : peut-être sa tâche lui paraissait-elle facile auprès du grand ministère, alors au pouvoir. Mais étant l'incarnation de la Cochinchine, comme son ami Gambetta était l'incarnation de Belleville, il se regardait comme l'amphitryon obligé de la colonie, des amis de la colonie et des amis des amis, etc. Seulement il s'engageait *à faire bien les choses* avec quinze mille francs, et on l'autorisa à s'en contenter (2). Après tout, en traitant bien les gens qui viennent de Cochinchine, il ne faudrait pas les exposer à prendre une in...solation. J'aime à croire, au moins, que ces 15,000 fr. seront payés en bonne monnaie française, et ne subiront pas la perte au change de 7 p. 100.

(1) Conseil colonial, séance du 6 janvier (*J. off*. du 8 février.
(2) *J. off*. du 11 fév., p. 151.

V

Aventures

Voilà pour le présent. Que nous réserve l'avenir?

Le déficit a-t-il chance d'être comblé? L'exportation du riz ne peut s'étendre indéfiniment; la demande languit. Les marchés d'Europe attendent, pour s'ouvrir, que le produit ait un aspect en rapport avec sa qualité. Les recettes de l'opium ne peuvent s'accroître que par l'empoisonnement de la population. Le commerce et l'industrie vivent de liberté autant que de capitaux. Les monopoleurs drainent le pays plus qu'ils ne le fécondent. Les grands travaux, ceux mêmes qui, par exception, sont utiles, ne sont pas directement productifs. Ceux qui sont confiés à des compagnies grèvent le budget de garanties d'intérêts qui, pour le chemin de fer seul, étaient évaluées en 1880 à 975,000 fr. avant les conventions récentes (1), et les évaluations de l'opposition se sont toujours trouvées plus exactes que celles de l'administration. Les finances de la

(1) Conseil colonial 1880, procès-verbaux, page 113.

colonie sont engagées de ce fait, ici pour quarante ans (bassin de redoub), ici pour soixante ans (Crédit foncier). là pour quatre-vingt-dix-neuf ans (chemin de fer). Ajoutez le monopole de la construction des maisons, les grands canaux et la suite. Ceux qui sont à la charge de la colonie, amorcés çà et là, exigent déjà un entretien qui absorbe des sommes énormes. Quant à leur achèvement, il se fera longtemps attendre, tant il est en disproportion avec les ressources. Personne en Cochinchine ne doute que nous ne soyons à la veille d'un emprunt, les uns disent de 10, les autres de 20 et même de 40 millions; environ la moitié, la totalité ou le double du budget annuel. Et l'on se demande alors à qui appartiendra, en réalité, la Cochinchine française.

Ce n'est pas aux actionnaires d'un crédit foncier quelconque qu'il faut confier une colonie, que l'on voudrait administrer en bon père de famille. Les charges sont déjà lourdes; l'impôt réparti sur la population représente plus de 14 fr. par tête, sans parler des dépenses locales. Nous avons dans le pays un certain parti de gens qui font leurs affaires et qui, en dépit de notre barbarie, nous savent quelque gré de la sécurité dont ils jouissent. Quand leurs intérêts seront compromis, ils ne nous pardonneront pas plus que les autres de blesser leurs usages et de bouleverser leurs coutumes. Ils ne sont pas dupes de la flatterie : le charlatanisme de la popularité ne trompe que celui qui l'emploie; les fausses espérances ne leur laissent que le dépit de la déception. Quand nous aurons abusé, ou quand on aura abusé pour nous d'une patience qui nous fait illusion, ils appelleront l'étranger, qui n'attend qu'une occasion. La Chine déborde de sujets affamés, l'Allemagne ne se contentera pas éternellement de vivre en parasite dans les colonies d'autrui. Ce peut être la ruine : en cas de succès, c'est le sang de nos soldats qui paiera les dividendes.

Encore tant qu'il ne s'agit que de la Cochinchine, les puissances étrangères n'auraient guère de prétextes à intervenir officiellement. Mais qu'une compagnie trop puissante ait lancé à grand bruit sur le marché les charbons du Tonquin, les mines d'or du Laos, le percement de l'isthme de Malacca, les moulins à vent du Grand Lac ou telle autre entreprise dans un pays voisin, et que l'affaire périclite ; quelle est celle de ces contrées qui n'ait ses *Krou-mirs* ? Ceux du Tonquin habitent le haut du Fleuve-Rouge, et s'appellent les Pavillons-Noirs ou les Pavillon-Jaunes.

Qui sait s'il n'y a pas là une guerre en réserve, pour remplacer au besoin celle que nous avons évitée en Grèce, et que nous espérons éteindre en Tunisie ? Calcule qui voudra l'issue de ces aventures. Le déficit aujourd'hui, l'emprunt demain et la guerre après-demain, tel est le bilan de deux ans du nouveau régime.

VI

Gouvernement civil

Est-ce que par hasard il faudrait s'en prendre au gouvernement civil ? Bien au contraire : il serait un moyen de salut, s'il existait.

On a dit depuis longtemps qu'il fallait à la Cochinchine une constitution, et que c'était au parlement métropolitain qu'il appartenait de la faire. Le Conseil colonial semble être entré dans ces vues par un vœu émis dans la séance du 9 janvier : « Que les modifications *constitutionnelles* en Cochinchine soient désormais l'œuvre du parlement métro-
» politain. » Ce vœu est incomplet : en apparence c'est l'abolition du régime des *décrets* ; en réalité c'en est le maintien en tout ce qui est de l'ordre législatif.

Le nouveau régime semble s'être donné pour programme l'établissement du *régime administratif et l'implantation des institutions libérales* (1).

____

(1) Discours du gouverneur à l'ouverture de la session du 5 décembre 1884. — Rapport au Conseil colonial, 1880, p. v.

INSTITUTIONS LIBÉRALES

Où sont les institutions républicaines? (Je pense que c'est le sens du mot *libérales*.)

Le gouverneur de la Cochinchine ne porte plus l'épaulette, mais il est comme ses prédécesseurs (en dépit de quelques restrictions) l'héritier des pouvoirs du roi de Hué, avec des conditions de durée que ceux-là n'avaient pas.

Il doit prendre, dans des cas déterminés, l'avis d'un conseil privé. Ceux qui le composent peuvent être des hommes indépendants par caractère; ils ne le sont pas par position : les uns sont choisis par le gouverneur, presque tous les autres peuvent être remis par lui à la disposition du ministre.

On a créé un Conseil colonial, dont la composition a été trop habilement pondérée. Sur seize membres, l'élément français électif n'est représenté que par six. Nous placerons à côté les deux conseillers délégués par la Chambre de commerce. Mais, comme pour faire contrepoids, deux sont choisis par le gouverneur dans son conseil privé. Enfin, six sont élus par les Annamites qui sont sous la main du gouvernement. Huit contre huit. Il suffit que le gouvernement gagne une voix dans la partie indépendante du Conseil pour que la majorité lui soit assurée : au besoin la voix prépondérante du président lui suffirait. Je sais que souvent les hommes valent mieux que les institutions. La Cochinchine en a vu des exemples que je suis heureux de constater. Mais que de compensations ! S'il y a des vides dans le Conseil, ce sera plutôt parmi les Français que parmi les indigènes, et ils seront plus vite remplis par nomination que par élection. C'est ce qui est arrivé. Un invalidé en conseil privé, un absent par congé, deux démissionnaires, dont un seul remplacé; et justement, ni l'absent, ni les démissionnaires, ni surtout l'invalidé n'étaient enthousiastes des grands travaux, ni sans doute du crédit foncier.

Sur les six élus des indigènes, quatre seulement sont Annamites, mais comme ils ont bien donné! On les a vus, ne sachant pas un mot de français, à diverses reprises convaincus par leur propre aveu de ne s'être pas doutés sur quoi ils votaient (1) et n'en continuant pas moins à voter sans embarras et comme un seul homme, la supériorité de la régie sur la ferme, le prix d'un bassin de radoub, la rédaction d'un cahier des charges pour un chemin de fer et les statuts d'un Crédit foncier, sans compter les lettres collectives, les notes identiques, les vœux conformes : le tout plus ou moins émaillé de *fourches Caudines* (2). Qu'attendre d'un peuple chez qui petits et grands pendant des siècles n'ont jamais su que plier devant le maître, surtout quand le maître ne badine pas!...

Il s'est formé un courant d'opinion en faveur de l'exclusion des Annamites du conseil colonial, et de la création d'un conseil consultatif indigène.

Quant aux conseillers français électifs, dans quelles conditions sont-ils élus? La Cochinchine souffre d'une espéce d'anémie électorale, peu connue en Europe : disette d'électeurs, disette d'éligibles.

(1) Séance du 23 décembre 1881 (*J. off.* du 31, séance du 9 janvier, *J. off.* du 11 fév., p. 158).

(2) Session extraordinaire, séance du 9 février 1881, procès-verbaux, pages 8 et 9.

L'homme assez dégagé de ses affaires pour pouvoir accepter une candidature, s'enfuit en Europe. De ceux qui restent il n'en est guère un qui n'ait quelque chose à attendre du gouvernement, quelque concession à solliciter du Conseil pour lui ou pour ses amis. Quand c'est pour eux-mêmes, chacun à son tour quitte la salle, comme aux jeux de devinettes, pendant que les autres prononcent sur le sort de sa demande. Je suis bien loin de mettre en suspicion pour cela l'honorabilité de MM. les conseillers; je suis seulement obligé de constater que cette situation nuit à leur dignité.

Les électeurs sont au nombre de treize à quatorze *cents* (1,300 à 1,400) pour toute la colonie. On voit à Saïgon, qui forme à lui seul les deux tiers du corps électoral, un conseiller élu, au second tour, par 135 voix (1). Or sur ces 1,300 à 1,400 électeurs il faut compter un millier de fonctionnaires et cent cinquante Malabars, venus de la côte de l'Inde pour être citoyens français, et vivant pour la plupart dans la dépendance directe de l'autorité.

Je ne juge ici que les institutions, abstraction faite des hommes; ne semble-t-il pas qu'un conseil colonial dans de telles conditions pourrait bien n'être, ainsi que le conseil privé, qu'un paravent derrière lequel s'abriterait la responsabilité d'un gouverneur tout-puissant?

Un vœu a été formulé sur la constitution du Conseil colonial, qui ne serait qu'une aggravation. On n'y admettrait plus que quatre Annamites, avec douze citoyens français. C'est exactement la composition du Conseil telle qu'elle est

(1) M. Geerie, 5 mars 1882.

aujourd'hui. — Les douze conseillers français seraient élus au suffrage universel. C'est la suppression des délégués de la chambre de commerce, et des membres du conseil privé. — Enfin, l'élection se ferait sur une seule liste pour toute la colonie. Il eût été beau, sans doute, que la petite Cochinchine eût devancé la métropole dans l'établissement du SCRUTIN DE LISTE, et c'était d'un bon effet sous le grand ministère. Mais cette combinaison aurait eu un inconvénient particulier à la Cochinchine. Un récent décret admet les Annamites aux droits électoraux sous deux conditions : l'une très élastique, la connaissance de la langue française ; l'autre très répugnante (excepté pour les catholiques) : la naturalisation, c'est-à-dire l'adoption de nos lois civiles contraires à leur statut personnel. Mais qu'un millier de quémandeurs de places, de solliciteurs de terrains domaniaux, consentent à se faire Français : avec le scrutin de liste, leurs voix, dispersées dans toutes les provinces, suffisent à noyer les suffrages des Français, en nombre dans la capitale.

Le Parlement français, justement préoccupé du sort de ses colonies, leur a généreusement accordé une place dans son sein, et des députés qui représentent 50,000 à 60,000 âmes, ont admis à débattre les grands intérêts de la France le mandataire de 491 électeurs cochinchinois. Désormais la Cochinchine peut exposer ses besoins et ses vœux au grand jour de la tribune. Seulement, tant vaut l'élection, tant vaut l'élu ; et quel que soit d'ailleurs son mérite personnel, ce que je n'examine pas, on ne peut nier qu'il se trouve dans une position fausse à l'égard de ses mandants, s'il s'agit de critiquer le régime gouvernemental et électoral dont il est l'expression.

RÉGIME ADMINISTRATIF

Voilà pour les institutions libérales. Reste le régime administratif.

Entendrait-on par là l'organisation d'une administration qui est tout, qui fait tout, et qui paralyse tout ; la centralisation, qui n'est que la forme extérieure du pouvoir personnel ; — *l'ankylose* administrative, cette maladie qui fait languir les grands pays, et dont meurent les colonies ?

La réorganisation de la direction de l'intérieur et des affaires indigènes a été accusée d'être la quasi-suppression des pouvoirs locaux, la suppression des garanties personnelles et des droits acquis, la réduction de tous les fonctionnaires à une égalité qui méconnaît les services antérieurs. L'*Ere nouvelle* défendant les décrets contre ceux qui s'en plaignaient, et s'inquiétaient notamment de la durée illimitée des mesures transitoires, leur répond que « c'est la porte ouverte à la faveur. » Il est vrai qu'elle remplace le mot *faveur* par celui de *bienveillance* (1).

La nouvelle organisation de la justice, sous prétexte de séparation des pouvoirs, est l'isolement de jeunes magistrats chez qui la connaissance du droit français ne peut suppléer de longtemps à l'expérience acquise des coutumes locales.

L'instruction publique a été, on l'a vu, une grosse caisse, et son budget une tirelire. L'objectif a été d'apprendre aux indigènes, au lieu du Français, ce système d'écriture dans lequel on suppose qu'ils liront les procla-

____

(1) *Ère nouvelle* du 25 juin 1881.

mations rédigées à leur intention : ç'a été d'ouvrir à tout le peuple annamite la carrière des places. Mais la porte est plus grande que la maison : d'où un peuple de déclassés, souples individuellement, dangereux en masse.

La nouvelle organisation des travaux publics est un modèle de centralisation.

L'organisation des tirailleurs indigènes, contre laquelle je ne sache pas qu'il y ait de critiques à élever au point de vue militaire, se traduit par une diminution du pouvoir civil, et souvent un obstacle à l'action de la justice.

La régie de l'opium est le triomphe du système, une administration inquisitoriale par nature ; c'est la création de postes nombreux à distribuer à des Français qui sont électeurs et à des Annamites qui le deviendront, postes répandus partout, d'où l'on voit tout et où l'on peut beaucoup.

C'est d'ailleurs le caractère général de tout le régime : ce qui s'en dégage c'est la multiplication coûteuse de fonctionnaires sans garanties d'indépendance.

Sous le nom de gouvernement civil, la colonie n'a donc jusqu'à présent qu'un renforcement du gouvernement personnel, d'autant plus dangereux qu'il se pare d'apparences démocratiques.

VII

Conclusion

La Cochinchine n'est pas une colonie ordinaire. Le monde Chinois, que nous avons ouvert, sort par la brèche, déborde sur nous et nous envahit. Nous ne l'en empêcherons pas : c'est une question de nombre. Impuissants à l'arrêter, nous devons nous hâter de le dominer, et nous mettre en mesure de le diriger. Aussi chaque puissance veut-elle avoir son poste avancé sur la Chine. Le nôtre est à Saïgon. C'est là que notre flotte est en observation ; c'est de là que notre commerce et notre industrie peuvent rayonner sur les pays voisins à l'abri de notre pavillon. A mesure que la force militaire, les relations commerciales, l'habileté diplomatique établissent notre influence, il faut qu'elle se fixe par la communauté de la langue. Ce n'est qu'en français, qu'une poignée de Français peuvent créer une petite France annamite aux portes de la Chine. Saïgon doit être, et serait déjà, si l'on avait voulu, le centre d'études où s'opérera la fusion des deux civilisations de l'Orient et de l'Occident.

De tout cela, qu'y a-t-il de fait? La Cochinchine a été d'abord une nécropole, puis un déversoir pour un trop plein de fonctionnaires : elle semble destinée à devenir un fonds de garantie pour des spéculateurs, et un marche-pied pour des ambitieux, c'est de là qu'un Bonaparte manqué se flatte de faire, au Tonquin, sa campagne d'Égypte Le budget entre dans la période des déficits ; nous roulons sur la pente des emprunts ; la porte est ouverte à toutes les aventures, le mécontentement couve, la guerre est à nos portes. Il est urgent que le gouvernement métropolitain intervienne, il est nécessaire qu'il fournisse à la colonie elle-même le moyen d'exercer un contrôle efficace sur ses propres affaires, en lui assurant, par de bonnes institutions, *la réalité du gouvernement civil.*

Si l'on ne se croyait pas en mesure de le faire, si l'on devait laisser à un gouvernement qui n'est qu'une dictature mal déguisée, le loisir de se livrer à toutes ses fantaisies financières, les complications politiques et militaires ne se feraient pas attendre, les désastres ne sont pas loin. Il serait plus sage alors de nous retirer à temps, et d'abandonner les Annamites à leurs destinées, avant que ce petit coin de fange soit devenu une seconde Tunisie, avant que nous nous soyons fait aux extrémités de l'Orient, sous un climat qui dévore les hommes, un nouveau Mexique.

Paris. — Jules Le clere; imprimeur, rue Cassette, 7.